# ANSIEDADE

Liberte-se Da Ansiedade E Da Depressão

(Eliminar O Estresse E A Ansiedade Através Da Meditação E Iniciar Uma Vida Saudável)

## Jim Pullen

Traduzido por Daniel Heath

## Jim Pullen

*Ansiedade: Liberte-se Da Ansiedade E Da Depressão
(Eliminar O Estresse E A Ansiedade Através Da Meditação E
Iniciar Uma Vida Saudável)*

ISBN 978-1-989837-40-5

## Termos e Condições

De modo nenhum é permitido reproduzir, duplicar ou até mesmo transmitir qualquer parte deste documento em meios eletrônicos ou impressos. A gravação desta publicação é estritamente proibida e qualquer armazenamento deste documento não é permitido, a menos que haja permissão por escrito do editor. Todos os direitos são reservados.

As informações fornecidas neste documento são declaradas verdadeiras e consistentes, na medida em que qualquer responsabilidade, em termos de desatenção ou de outra forma, por qualquer uso ou abuso de quaisquer políticas, processos ou instruções contidas, é de responsabilidade exclusiva e pessoal do leitor destinatário. Sob nenhuma circunstância qualquer, responsabilidade legal ou culpa será imposta ao editor por qualquer reparação, dano ou perda monetária devida às informações aqui contidas, direta ou indiretamente. Os respectivos autores são proprietários de todos os direitos autorais não detidos pelo editor.

Aviso Legal:

Este livro é protegido por direitos autorais. Ele é designado exclusivamente para uso pessoal. Você não pode alterar, distribuir, vender, usar, citar ou parafrasear qualquer parte ou o conteúdo deste ebook sem o consentimento do autor ou proprietário dos direitos autorais. Ações legais poderão ser tomadas caso isso seja violado.

Termos de Responsabilidade:

Observe também que as informações contidas neste documento são apenas para fins educacionais e de entretenimento. Todo esforço foi feito para fornecer informações completas precisas, atualizadas e confiáveis. Nenhuma garantia de qualquer tipo é expressa ou mesmo implícita. Os leitores reconhecem que o autor não está envolvido na prestação de aconselhamento jurídico, financeiro, médico ou profissional.

Ao ler este documento, o leitor concorda que sob nenhuma circunstância somos

# Índice

# Parte 1

**O que você encontrará aqui...**

Como você se define? Você se preocupa muito? Você é uma pessoa que está sempre estressada e não consegue relaxar? Você se sente tenso e nervoso o tempo todo? Essas são questões que muitos de nós podemos nos identificar. Parece que várias pessoas que você conhece têm problemas com ansiedade.
*O Guia De Autoajuda Para Superar A Ansiedade E Se Amar* é sobre como você pode vencer a ansiedade e aprender melhores formas de lidar com ela. Este breve guia vai te ajudar a entender o que é ansiedade, como é causada e, o mais importante, fatores que podem fazê-la piorar.
É claro que a ansiedade não é uma das coisas mais confortáveis. E é particularmente aterrorizante se a pessoa começa a sentir que algo está realmente errado com ela.
O estresse constante e a preocupação não podem prejudicar só seus relacionamentos e seu trabalho, mas suas atividades diárias

também. É hora de colocar um ponto final nas suas preocupações e no seu estresse, e este eBook vai te ajudar a fazer isso. Sem mais delongas, vamos começar!

## Capítulo Um: Por que sinto ansiedade?

Todos conhecem a ansiedade a até sentem de vez em quando. Na verdade, nos sentimos preocupados e estressados sempre que nos encontramos em situações intimidadoras.

Por exemplo: se você precisa fazer uma prova, é bastante natural que se sinta ansioso. Algumas pessoas são capazes de lidar bem com uma situação difícil, mas, para outras, é uma tarefa complicada.

### Você está sofrendo com a ansiedade?

Você provavelmente está sofrendo com a ansiedade se fica preocupado com tudo. Em outras palavras, você começa a se preocupar com tudo que pode dar errado antes de acontecer alguma coisa. Seu coração bate forte quando você entra em uma sala para fazer uma apresentação. Sua mente acelera e você sente que está perdendo controle do seu corpo. Sua boca seca e você não consegue falar uma palavra claramente.

## Como você se sente quando está com ansiedade?

Preocupado e assustado, é claro. Você tem a sensação de que algo terrível vai acontecer. Você tende a não relaxar e fica desconfortável. O pior é que você se sente em pânico - seus batimentos cardíacos aumentam, você não consegue se concentrar e sua mente pula de uma coisa para a outra constantemente.

Algumas pessoas começam a pensar que têm sérios problemas de saúde. Bem, os sintomas da ansiedade podem ser complicados e é importante perceber como a ansiedade pode afetá-lo de formas diferentes.

A ansiedade basicamente muda a forma como você se sente, seus pensamentos, seu comportamento e como seu corpo reflete o trabalho.

## Como seu corpo reage à ansiedade?

1. Rápidos batimentos cardíacos e palpitações.
2. Borboletas no estômago.

3. Tensão nos músculos e respiração pesada.
4. Agitação e suor em excesso.
5. Ocasional dormência ou formigamento nos dedos.
6. Tonturas na hora de lidar com uma situação assustadora ou ameaçadora.

Além dos sintomas físicos, você pode fumar, comer e beber com mais frequência. Às vezes você começa a falar mais que o normal ou andar para lá e para cá sem motivo.

A lista de sintomas pode não parecer compreensível, mas esses sinais indicam que você provavelmente sofre com ansiedade.

**O que é a ansiedade?**

O que é a ansiedade exatamente? De forma simples, é a forma como seu corpo se prepara para lidar com ameaças. Assim que o seu cérebro percebe uma ameaça, seu coração, seus músculos e suas articulações ficam prontos para a ação. Você respira cada vez mais rápido e sente seu coração bater forte porque seu cérebro fornece nutrientes e oxigênio para as partes do seu corpo que mais precisam.

No momento que seu cérebro percebe que a situação é normal, o sentimento desaparece, mas, às vezes, você pode tremer e se sentir fraco muito depois do episódio.

Curiosamente, nem toda situação é uma ameaça, mas seu cérebro pode pensar que é. Há muitas razões para sentir ansiedade. Por exemplo, se preocupar muito pode ser de sua personalidade.

Também é natural ficar ansioso quando você tem que lidar com eventos estressantes da vida como mortes, perdas financeiras ou divórcio. Algumas pessoas ficam ansiosas quando são pressionadas no trabalho ou estão em um relacionamento difícil. O estresse contínuo é, talvez, um dos maiores motivos das pessoas desenvolverem ansiedade.

## Quando a ansiedade se torna um problema?

A ansiedade se torna um grande problema quando os sintomas são graves ou continuam por muito tempo. Você também tem que lidar com a ansiedade se ela acontece com muita frequência ou se você se preocupa por qualquer motivo.

Agora que você sabe que a ansiedade é um ciclo vicioso, quais são as atitudes que você deve tomar para se livrar dessa ameaça de uma vez por todas? Você não precisa mais se preocupar. Continue lendo para descobrir mais sobre como lidar melhor com a ansiedade.

## Capítulo Dois: Como lidar melhor com a ansiedade

Após ler as primeiras páginas, você sabe que a ansiedade pode ser curada. Tudo que você precisa fazer é quebrar o ciclo vicioso e aprender formas mais eficazes de tornar a ansiedade tratável.

Aqui estão diferentes áreas que você precisa trabalhar:

1. Entender a ansiedade
2. Lidar com os sintomas físicos
3. Mudar seus pensamentos
4. Mudar seu comportamento em relação à ansiedade

Todos sabem o que pode desencadear nossa ansiedade e, antes que você possa lidar com os sintomas, é sempre melhor entender sua própria ansiedade.

Então, a pergunta é: o que desencadeia sua ansiedade? Você fica estressado em certas situações? Sua ansiedade é pior em um momento específico do dia? Existem preocupações que te deixam ansioso?

# Diário de estresse e ansiedade

As pessoas têm uma série de pensamentosaleatórios passando pela mente e eles podem ser poderosos. Talvez a coisa mais útil que você pode fazer para combater a ansiedade é manter um registro de seus pensamentos.

Tenha um diário do nível de sua ansiedade e de seus gatilhos em um período de duas a três semanas. Você pode registrar esses eventos de hora em hora e anotar coisas que possam ser particularmente significativas. Além disso, avalie sua ansiedade em uma escala de 0 a 10.

Como seus sintomas aparecem? Você estava em casa ou no trabalho? No que estava pensando? Estava fazendo uma tarefa estressante? O que você sente em seu maior nível de estresse? Você ficará surpreso em ver a quantidade de informações que passam por sua mente quando você analisa seus pensamentos em um papel. Você pode claramente entender como um pensamento negativo leva a uma atitude ainda mais destrutiva e faz você se sentir pior.

O estresse pode estar relacionado com o trânsito, grande quantidade de trabalho, notícias ruins ou relações turbulentas, e ele pode afetar suas atividades rotineiras, sua produtividade e, pior, sua saúde. E é aí que se torna útil seu diário de ansiedade.

A ideia básica por trás de um diário de ansiedade é que você pode registrar informações sobre preocupações e estresses que você está passando, e, então, analisar para lidar com eles de forma melhor.

## Solucione problemas

Quando você perceber que tem uma preocupação de verdade ou um problema em particular que está te causando estresse, você precisa colocar em ação suas habilidades para resolver problemas. De novo, uma coisa inteligente a se fazer é escrever o problema e defini-lo o mais claramente possível.

Por exemplo, se a fatura do seu cartão de crédito está te causando ansiedade, anote o dinheiro que você deve e todas as soluções possíveis que encontrar para solucionar o problema. Não pense se as soluções são pertinentes ou eficazes; o ponto é pensar em ideias que possam te ajudar com sua fatura do cartão de crédito.

Pense em tudo que pode ser feito para solucionar o problema:

1. Fazer um acordo de pagamentos mais acessíveis
2. Revisar suas despesas mensais
3. Arrumar um emprego de meio período
4. Guardar mais dinheiro
5. Vender seu carro
6. Instruir-se com um consultor financeiro
7. Cortar algumas despesas

Você pode escolher as opções que parecem melhores e anotar o que deve fazer para alcançar aquela solução. Uma vez que você tem um plano para lidar com grandes faturas de cartão de crédito, sua ansiedade vai melhorar.

Se você está tentando lidar com um problema que vem te incomodando por bastante tempo, é sempre bom discuti-lo com um membro da família confiável ou um amigo próximo.

**Capítulo Três: Seu estilo de vida causa estresse?**

Você não pode controlar o que a vida despeja em você, mas você tem poder de controlar a forma como cuida de você mesmo. Isso mesmo. Cuidar de seu corpo e de sua mente pode ajudar a lidar com o estresse de forma mais eficaz. A seguir temos algumas estratégias simples de cuidados próprios que podem te ajudar a se sentir melhor e, mais importante, te encorajar a lidar com os desafios da vida.

1. Durma bem

O sono adequado é crucial para sua saúde física e emocional. Infelizmente, a falta de sono pode ter um impacto negativo na sua saúde e produtividade. Mas às vezes é difícil dormir bem quando você está ocupado e estressado.

Aqui estão algumas dicas eficazes para ajudar a alcançar a qualidade do sono toda noite.

**Exercite-se**

O exercício é um grande destruidor do estresse e mesmo exercícios leves como um passeio prazeroso e ioga podem ajudá-lo a dormir em paz.

**Ouça música**

Ouvir músicas relaxantes antes de ir dormir pode ajudar a desanuviar e aliviar a tensão. De fato a música pode acalmar o corpo e a mente a ponto de te fazer dormir instantaneamente.

**Organize seu quarto**

Dormir em um quarto limpo pode fazer você descansar melhor. Livre-se de coisas desnecessárias para que seu quarto fique menos estressante para sua mente e seu corpo.

**Afunde-se em uma banheira de espumas**

Afundar-se em uma banheira com ingredientes anti-stress como óleos essenciais e sal do Himalaia deleita seu corpo e alivia sua mente do estresse. Junte isso com algumas velas perfumadas e seu banheiro se tornará um *spa* luxuoso! Se você não quiser tomar um banho de banheira antes de ir dormir, tente mergulhar seus pés em água contendo óleo de lavanda e sal do Himalaia para uma experiência relaxante.

## Massagem

Receber uma massagem antes de dormir alivia os músculos tensos e faz com que o sono venha mais fácil.

## Meditação

Meditação antes de dormir é uma técnica ótima para aliviar o estresse da mente e do corpo. Você pode usar meditação para limpar a mente e criar paz interior.

## Vida sexual saudável

Uma vida sexual saudável não só melhora seu relacionamento como também libera "substâncias químicas da felicidade" que promovem um sono bom e pacífico.

## 2. Alimente-se adequadamente

Surpreendentemente, a má nutrição pode te deixar vulnerável à ansiedade. Por outro lado, você ficaria espantado em saber a quantidade de estresse que consegue aguentar quando está comendo as comidas certas.

Se você tem se sentido ansioso ou estressado ultimamente, se pergunte qual desses erros de nutrição você está cometendo.

1. Café em excesso - muito café no sangue pode dificultar o sono, dificultar a concentração e aumentar os níveis de cortisol, que é o hormônio do estresse.

2. Desejo por comidas com muito sal, açúcar e gordura.

3. Refeições puladas - se você acha que sair de casa com pressa sem tomar café da manhã ou pular o almoço é uma boa ideia para economizar tempo, repense.

4. Compulsão alimentar - comer só por comer, quando não está

com fome, faz mais mal do que bem.

5. Falta de água - se você esquece de beber água, seu corpo e sua mente podem ter problemas para funcionar de forma ideal.

6. Dieta radical - muitas pessoas ganham peso quando estão estressadas e isso faz com que elas tentem dietas perigosas. Lembre-se que dietas não balanceadas ou que não contêm a combinação correta de carboidratos, proteínas, gorduras saudáveis, vitaminas e minerais são ruins para seu corpo e para sua mente. Além do seu corpo não funcionar direito, você vai se sentir mais fatigado, mal-humorado e frustrado.

Planeje suas refeições e certifique-se que está ingerindo a quantidade recomendada de nutrientes vitais. Além disso, mantenha-se hidratado bebendo, pelo menos, de 8 a 10 copos de água por dia.

3. Exercite-se diariamente

Até mesmo de 15 a 20 minutos de exercícios leves podem te livrar do estresse e manter seu corpo saudável. Sair para caminhar de manhã com seu peludinho é um exercício ótimo. Os animais de estimação são ótimos companheiros de caminhada. Se você gosta de academia, é ainda melhor. De forma simples, você pode facilmente afastar suas preocupações com suor e academia para controlar sua ansiedade.

4. Passe tempo com suas pessoas favoritas

Ter um forte apoio social pode ajudar a levar uma vida mais saudável e feliz. Melhores amigos te ajudam quando você precisa liberar a energia e quando você está triste e confuso. Você pode expandir seu ciclo social e fazer novos amigos, no entanto, fique longe de pessoas negativas.

5. Afie sua mente

Você poderá lidar melhor com a ansiedade quando tratá-la como um desafio em vez de ameaça. Coloque em ação suas habilidades para resolver problemas e aceite os "desafios" que a vida te traz.

6. Tenha atitudes certas

Qualquer situação ou experiência vai parecer mais ou menos estressante dependendo do seu ponto de vista. Tente ver as coisas de forma otimista. Isso não só vai diminuir seu nível de estresse, mas também te levar a ser mais bem sucedido na vida.

7. Encontre um passatempo relaxante

Para reduzir a gravidade dos sintomas de estresse, você precisa reconhecer seus primeiros sinais. Assim que você nota esses sinais, você pode prevenir que a ansiedade distraia a sua mente.

Ter um passatempo relaxante distrai a sua mente e previne que a ansiedade fique muito grave. Algumas pessoas amam relaxar fazendo ioga, ouvindo música ou até mesmo lendo livros.

## Capítulo Quatro: Relaxamento muscular profundo para combater a ansiedade

O relaxamento muscular profundo alivia os sintomas do estresse. Os exercícios de relaxamento que serão descritos podem ajudar a acalmar e combater a ansiedade da melhor forma possível.

Ainda que as técnicas de relaxamento não façam a ansiedade desaparecer, você vai se sentir mais confiante para lidar com ela. Exercícios de respiração junto com as técnicas de relaxamento podem aliviar o estresse do seu corpo e limpar sua mente.

Não se preocupe se você achar difícil de fazer os exercícios e relaxar a princípio. Você precisa ser paciente, bons resultados virão com a prática.

### Respiração controlada para relaxar

Quando você fica ansioso, começa a respirar mais rápido. Às vezes, você começa a engolir ar achando que vai sufocar. A respiração imprópria durante um ataque de pânico pode te deixar tonto e, portanto, mais ansioso.

Você pode praticar respiração controlada para entrar em um ritmo regulado. Primeiro, encontre um lugar calmo onde ninguém vá te perturbar. Depois, fique confortável - remova qualquer roupa apertada e sapatos. É melhor fazer esse exercício no chão ou em um tapete de ioga. Você também pode sentar em uma cadeira confortável ou na cama.

Assim que estiver confortável (sente-se com as costas retas ou deite no chão ou na cama), deixe seus braços nas laterais de seu corpo com as palmas viradas para cima.

Se estiver sentado em uma cadeira, coloque seus braços no apoio ou em suas pernas. Se estiver deitado na cama, no tapete ou no chão, estique suas pernas e deixe uma distância entre elas do tamanhoda largura de seus quadris. Não cruze suas pernas se estiver sentado.

Agora, foque em sua respiração - note como você inspira e expira lentamente em um ritmo regular. Acalme-se e tente relaxar. Lembre-se que você precisa encher os pulmões de ar sem fazer força excessiva. Respire normalmente e pense que está tentando encher uma garrafa de água.

Inspire lentamente pelo nariz e expire pela boca. Agora, inspire devagar e conte até 5. Sem pensar, deixe o ar escapar lentamente. Repita, contando até cinco ao expirar.

Faça esse exercício de 3 a 4 minutos, de duas a três vezes por dia, e quando você se sentir estressado. Certifique-se que está respirando normalmente sem pausar ou segurar a respiração.

Como qualquer outra habilidade, a respiração controlada leva tempo para aprender. Continue praticando diariamente e sempre que se sentir estressado. Mantenha anotações de o quão ansioso você se sente antes e depois do exercício, e classifique sua ansiedade em uma escala de 0 a 10.

## Relaxamento muscular profundo

Esse exercício leva de 15 a 20 minutos. Você vai focar em diferentes grupos musculares - o exercício alonga e depois relaxa diferentes músculos de seu corpo para aliviar a tensão e relaxar sua mente. Você deve respirar normalmente durante o exercício.

É melhor se você escolher um momento do dia que estiver mais relaxado. Encontre um lugar quieto, calmo e sem distrações, e fique em uma posição confortável. Você pode fazer os exercícios sentado ou deitado.

Sente ou deite, feche seus olhos e foque em sua respiração. Respire lenta e profundamente como descrito no exercício acima. Você pode ouvir uma música tranquila para ajudar a relaxar. Outra boa ideia é usar velas aromáticas ou difusores de óleos essenciais.

Como a respiração controlada, o relaxamento muscular também requer prática antes que você sinta o resultado. Para cada grupo muscular, alongue por alguns segundos e então relaxe. Repita o passo algumas vezes se quiser. Estude a forma que seus músculos ficam quando estão tensos e então libere a tensão deles. É útil manter a mesma ordem descrita abaixo conforme trabalha os grupos musculares.

**Pulsos e mãos:**
Puxe as mãos em sua direção para alongar os pulsos. Aperte o punho e então alongue seus dedos para relaxar.

**Braços:**
Estique braços para longe de seu corpo, sinta a tensão na parte superior de seus braços. Mantenha a posição por alguns segundos e então relaxe.

**Pescoço:**
Gentilmente incline sua cabeça para trás e de um lado para o outro. Agora, mova seu queixo lentamente em direção ao seu peito e erga sua cabeça para uma posição confortável.

**Rosto:**
Há muitos músculos em seu rosto, mas você só deve pensar nas sobrancelhas e na mandíbula. Junte as sobrancelhas, franzindo-as, e depois relaxe. Depois,

aperte sua mandíbula e note a diferença quando você relaxa.

**Ombros:**

Erga seus ombros e, depois, relaxe.

**Peito:**

Respire fundo - sinta seus pulmões encherem completamente, segure por alguns segundos, depois solte a respiração devagar.

**Pernas:**

Estique suas pernas e agite seus dedos dos pés. Depois, mova seus dedos dos pés para frente e para trás. Relaxe.

Quando terminar, fique um tempo deitado em silêncio. Passe uns minutos com os olhos fechados. Quando estiver pronto, se alongue e levante lentamente.

## Capítulo Cinco: Mude seus pensamentos relacionados à ansiedade

Quando você distrai sua mente dos sintomas, vai perceber que muitas vezes a ansiedade desaparece de repente. Tente olhar bem as coisas ao seu redor. Como são as pessoas ao seu redor? Do que estão falando?

A ansiedade pode ser desconfortável, mas o relaxamento muscular profundo e os exercícios de respiração ajudam a reduzir o desconforto. Como dito anteriormente, seus pensamentos negativos podem manter um ciclo vicioso de ansiedade.

Por exemplo: você está preso no trânsito e, de repente, sente uma dor no peito. Todo tipo de pensamento ruim está passando por sua mente - "talvez eu esteja tendo um ataque cardíaco!". Claro que isso é assustador, e pensar nisso faz seu coração bater ainda mais rápido.

Enquanto você pode imaginar uma ambulância vindo, tente pensar nisso:

1. Quais são os pensamentos que você tem quando está ansioso?
2. Há pensamentos que te deixam pior?
3. Você imagina o pior que pode acontecer?

Não é sempre fácil saber o que está piorando sua ansiedade. Mas você precisa lembrar que pensamentos são importantes. Nenhum deles é pequeno demais ou bobo demais. Pense na última vez que se sentiu ansioso e veja se consegue anotar os pensamentos ruins em um diário.

Quando você sabe o que está pensando, pode quebrar o ciclo vicioso distraindo seus pensamentos. Pergunte:

1. Estou exagerando tudo? - nada dará certo como sempre!
2. Estou tirando conclusões precipitadas? - Meu peito dói, deve ser um ataque cardíaco!
3. Estou sempre focando nas coisas ruins? - Tive um péssimo dia e nada vai melhorar!

O objetivo é encher sua mente com pensamentos focados, ou seja, você precisa pegar essas perguntas e responder com coisas positivas instantaneamente.

Mudar seu comportamento em relação à ansiedade também pode ajudar a sanar os sintomas que incomodam. É claro que mudar seus pensamentos e seu comportamento leva tempo e você percebe a mudança gradualmente.

Como qualquer tarefa, você precisa ter pequenos objetivos. Você tenta escapar de situações que te deixam ansioso? Você acha que sua ansiedade vai ficar cada vez pior quanto mais você permanecer em uma situação que te apavora. Mas não é assim. A ansiedade geralmente atinge um auge e começa a diminuir.

Em vez de manter pensamentos ruins, tente considerar se seus pensamentos são realistas. Lembre-se que quanto mais você evita algo, vai parecer mais difícil de superar e vai acabar te deixando ainda mais ansioso.

## Capítulo Seis: Como combater a ansiedade social

Pessoas com essa ansiedade tendem a evitar situações sociais. Elas têm medo de serem julgadas ou, pior ainda, medo que farão algo vergonhoso.

A ansiedade social se torna um problema quando começa a entrar no meio de sua vida profissional e pessoal. O primeiro passo para lidar com ela envolve entender seus sintomas.

Você fica nervoso conversando com um colega de trabalho? Ao falar em uma reunião, você tem sintomas como corar, suar ou ter palpitações fortes?

A ansiedade é desconfortável, mas aprender a relaxar pode deixar a vida mais fácil. A respiração controlada e os exercícios de relaxamento muscular mencionados anteriormente podem ajudar a acalmar rapidamente. Lembre-se que essas estratégias não eliminam a ansiedade completamente, mas ajudam a controlar a tensão e o estresse no geral, que contribuem com os problemas de ansiedade.

**Pensamento realista**

Quando está ansioso, você tende a ter pensamentos negativos sobre si mesmo e sobre o que vai acontecer em situações sociais. Alguns deles são:

1. Ninguém gosta de mim
2. Eu vou dizer algo estúpido
3. Eu vou fazer algo estúpido e as pessoas vão rir
4. Eu não sou tão inteligente ou bonito quanto as outras pessoas
5. Ninguém gosta de conversar comigo
6. Acham que sou chato

É importante perceber que seus pensamentos são apenas suposições. Pergunte a si mesmo: qual a pior coisa que pode acontecer? Anote os medos e pensamentos negativos que passam na sua cabeça no momento. É bom também se questionar se seus pensamentos ajudam e, o mais importante, se são baseados em fatos.

Aqui estão algumas perguntas que vão te ajudar a avaliar seus pensamentos:

1. Eu tenho 100% de certeza que tal coisa vai acontecer?
2. A opinião dessa pessoa reflete meu sucesso?
3. Qual o pior que pode acontecer?
4. Sou responsável por toda a conversa?
5. O que posso fazer para lidar com essa situação?
6. Eu preciso agradar todos?
7. Qual a melhor maneira de olhar para essa situação?

Você tem certeza que vai te dar "um branco" na reunião? Não, não é 100%!

Quantas vezes você disse algo estúpido em uma festa? Algumas vezes, mas nem sempre.

O ponto é que todos cometem erros. Isso mesmo, ninguém é perfeito. Não é realista pensar que todos gostarão de você... Você gosta de todos? Você não viu seu chefe cometer um erro em uma reunião? Tudo bem se sentir ansioso e imperfeito. Na verdade, é parte de ser humano. Em vez de evitar situações sociais, lute contra seus pensamentos negativos e enfrente seus medos.

Faça uma lista das situações sociais que você tem medo: falar em público, socializar, beber ou comer na frente de outros, interagir com pessoas novas ou falar com figuras autoritárias.

Assim que fizer a lista, classifique seus medos de menos assustadores para mais assustadores e veja como pode amenizá-los.

Por exemplo, se estiver com medo de dizer algo estúpido, deixe que outras pessoas levem a conversa e o foco estará neles. Você pode falar o mínimo possível para evitar que a atenção esteja em você.

Quando você ganhar confiança para lidar com situações sociais, foque em expandir seus grupos sociais. Entre em uma academia ou um clube e comece a interagir com gente nova. Não espere fazer amizade ao encontrar alguém pela primeira vez. Lembre-se que desenvolver amizades e relações leva tempo.

Melhorar sua comunicação e criar autoconfiança ajuda a superar a ansiedade social de forma eficaz; Lembre-se que lidar com a ansiedade social requer trabalho. Mesmo que você esteja notando pouco progresso, continue mudando e torne as mudanças um hábito. Isso vale até mesmo para quando você já atingiu seu objetivo e está se sentindo melhor.

## Capítulo Sete: Oito passos para se amar

Você quer dar amor e carinho para todos ao seu redor, mas e você? Você tira um tempo para si mesmo? Lembre-se que você não pode obter nada de um copo vazio. Se você quer ser bom em se doar, certifique-se que está praticando amor próprio. Aqui estão algumas dicas para começar:

**1. Aprenda a relaxar**

Comece respirando lenta e profundamente. Você também pode praticar os exercícios de respiração para relaxamento profundo. Limpe os pensamentos negativos de sua mente e pense sobre as coisas que te estressam diariamente. Agora, se dê uma boa massagem nos pés e uma boa alongada no corpo. Você deve focar seus pensamentos nas coisas positivas que estão acontecendo no momento.

A meditação é uma excelente forma de relaxar a mente e o corpo. Mesmo depois de uma breve sessão de 10 a 15 minutos de meditação, você vai se sentir mais relaxado e calmo.

## 2. Não é sobre ser perfeito

Pare de se aterrorizar com o pensamento de ser perfeito. Aliás, é uma forma horrível de viver. Aprecie suas habilidades e qualidades. Sinta-se bem consigo mesmo.

Não estamos acostumados a identificar coisas boas em nós mesmos. Trabalhe no que te torna especial e nos seus pontos positivos - afinal, eles existem!

## 3. Você não é o que dizem

Infelizmente as pessoas sempre encontrarão defeitos, então você precisa parar de ouvi-las. Adote uma visão positiva de si mesmo e deixe o velho criticismo e os pensamentos negativos dos outros para trás. Tenha orgulho de quem você é e das coisas que você conquistou. Isso vai fazer você se sentir melhor.

## 4. Não seja tão duro consigo mesmo

Com que frequência você se culpa pelos erros que cometeu no passado? Bem, é perfeitamente humano cometer erros e agora é a hora de você parar de revivê-los.

Além de se perdoar, aprenda com seus erros e siga em frente. Lembre-se que se amar significa amar tudo sobre você.

## 5. Deixe os pensamentos negativos irem

Os pensamentos negativos estragam sua vida. Quando sentimentos negativos como o estresse, a frustração e o ódio enchem sua mente, você se sente incapaz de superar os inúmeros obstáculos que encontra na vida. O pior é que os pensamentos negativos esgotam suas energias. Quanto mais você cede a eles, mais fortes eles ficam. Ler afirmações positivas pode ajudar a se livrar dos pensamentos negativos.

*Controle seus pensamentos, eles se tornam palavras.*

*Controle suas palavras, elas se tornam ações.*

*Controle suas ações, elas se tornam hábitos.*

*Controle seus hábitos, eles se tornam seu caráter.*

*Controle seu caráter, ele se torna seu destino.*

## 6. Perceba que ninguém vai te salvar

As coisas boas só começam a acontecer quando você começa a acreditar que merece. Mude sua forma de pensar e se lembre que só você pode mudar seu destino. Isso mesmo. Você é a única pessoa que tem controle de sua vida. Não espere que os outros amem você e faça você se sentir especial. Sua vida começa a mudar quando você muda a si mesmo. Reconheça seu valor antes de convencer alguém a fazer isso por você.

## 7. Descubra o que pode melhorar sua vida

Livre-se das pessoas negativas; aliás, livre-se de todas as energias negativas em sua vida. Comece a pensar de forma positiva, tenha uma dieta saudável e durma bem. Você também pode passar o tempo fazendo coisas que gosta para dar mais significado a sua a vida e deixá-la mais feliz.

## 8. Encontre tempo para si mesmo

Porque estamos sempre ocupados, é difícil arrumarmos tempo para nós mesmos. As exigências da vida e as expectativas dos outros ao nosso redor pode tornar o tempo para nós mesmos um grande desafio.

Para conseguir mais tempo, descubra o motivo pelo qual você precisa dele. Afinal, você ficará mais motivado a fazer um esforço se tiver um objetivo em mente.

Depois, identifique como você passa seu tempo. A chave é se questionar se está gastando tempo com as coisas certas.

Por último, anote as coisas que você quer fazer com mais frequência – elas podem te deixar mais feliz e relaxado. Classifique as atividades em ordem de importância para você, e então selecione uma ou duas para focar.

## A palavra final

Quantas vezes você pensou em desistir porque não podia fazer nada a respeito da ansiedade? Depois de ler esse guia, você já sabe o que pode ser feito para superar os sintomas da ansiedade. Além disso, você sabe como passar um tempo bom com as pessoas que você ama e te fazem sentir bem consigo mesmo.

Espera-se que esse pequeno guia ajude a aumentar sua felicidade e diminuir sua ansiedade. Lembre-se que até as mudanças pequenas importam, então não comprometa o que você realmente gosta de fazer e melhore sua vida.

Esse guia é o primeiro passo em busca da mudança. O principal é que você se cerque de positividade para que sua mente fique mais otimista e positiva. Você vai se surpreender com as diferenças que pequenas mudanças podem trazer para seus pensamentos.

# Parte 2

## Introdução

*Bem vindo e obrigado por se juntar a nós em Ansiedade:*

Não importa se você está buscando ajuda para si mesmo ou para alguém que ama, este é um ótimo livro para que você comece um caminho para uma vida melhor e satisfatória. A ansiedade age como uma nuvem, pairando sobre nós e chovendo mesmo nos nossos melhores dias. Ela pode causar estragos de várias maneiras, destruindo relacionamentos, mudando o jeito que pensamos e nos sentimos, e pode até causar o fim precoce da vida.

Nos capítulos seguintes nós discutiremos:

O que é a ansiedade

O papel do cérebro na ansiedade

A vasta variedade de sintomas de ansiedade

E claro, o que você veio ler, várias técnicas que são derivadas dos militares que qualquer um pode usar para acabar com a ansiedade de vez.

Embora existam toneladas de livros e informações sobre a ansiedade e como isso afeta milhões de vidas, quase ninguém está falando sobre como usar táticas militares para ajudar a reconstruir a mente de forma positiva, eliminando a ansiedade.

Todo esforço foi feito para garantir que este livro contenha o máximo de informações úteis possíveis. Aproveite a leitura e espero que você encontre ferramentas que ajudem na sua recuperação do furacão da ansiedade.

## Capítulo 1: O que é ansiedade?

Imagine viver todos os dias da sua vida com medo e negação, como se uma sombra constante estivesse seguindo você para onde quer que fosse, fazendo você duvidar de si mesmo e daqueles ao seu redor. Este é apenas um resumo do que significa viver com ansiedade e, infelizmente, pode se aprofundar muito mais nas vidas daqueles que sofrem com isso.

Conhecimento é poder; A melhor maneira de vencer a ansiedade é realmente entendê-la e como ela pode afetar seu modo de agir, seus níveis hormonais, sua consciência e muito mais.

Então, o que é ansiedade?

A ansiedade é uma condição física, mental e emocional que, na maioria das pessoas, é apenas uma reação corporal natural. É a resposta do nosso corpo a ambientes e cenários desconhecidos ou perigosos. Todos podem ficar ansiosos de vez em quando, sentindo-se angustiados ou inquietos. Você provavelmente já experimentou ansiedade em um nível mais baixo, talvez durante uma entrevista de emprego, se apresentando na frente de outros, ou antes de um grande jogo de campeonato.

Sentir-se ansioso é uma resposta natural que nossos corpos podem sentir durante esses tipos de ocorrências. É responsável por nos fornecer um impulso de conscientização, precisamos estar alertas e nos prepararmos para lutar.

A resposta "lutar ou fugir" é uma das sensações do vasto espectro da ansiedade. Mas você pode imaginar se sentir desconfortável o tempo todo, mesmo em momentos calmos? Aqueles que sofrem com um excesso de ansiedade têm problemas de concentração, são facilmente assustados e alguns até temem deixar o conforto de suas casas. Viver com um transtorno de ansiedade é debilitante e em alguns casos, muito mais que isso.

## Ansiedade e o cérebro

Não deveria surpreender que o culpado de você se sentir ansioso o tempo todo é o seu cérebro. Sua mente é responsável por manifestar pensamentos, que podem afetar diretamente a química geral do cérebro, afetando seus pensamentos e idéias futuros, bem como alterar a forma como o seu corpo funciona.

Apesar da negatividade que envolve o termo ansiedade, é uma desordem muito interessante quando você toma tempo para examiná-la. Ansiedade tem o poder de causar sintomas físicos, mesmo quando as pessoas não estão se sentindo ansiosas. Isso pode, em última análise, mudar a maneira como você reage aos eventos, o que é então reforçado negativamente em seus comportamentos diários, razão pela qual nossa mente e ansiedade têm um relacionamento muito complicado.

A ansiedade é tipicamente forjada por muitos anos de experiências pessoais. Em alguns casos, porém, podemos nascer com problemas relacionados aos neurotransmissores do nosso cérebro que nos ajudam a controlar o humor, e é por isso que muitos outros estão predispostos ao desenvolvimento da ansiedade ao longo da vida.

# Ansiedade e neurotransmissores

Seu cérebro responde aos neurotransmissores, que são as minúsculas substâncias químicas dentro do corpo que enviam mensagens para o cérebro, dizendo como agir, pensar, sentir e muito mais. Existem muitos neurotransmissores que estão relacionados à ansiedade, como:

Norepinefrina
Cortisol
GABA
Serotonina
Dopamina

Muito ou pouco de qualquer hormônio pode afetar sua ansiedade de várias maneiras. A questão que é difícil de resolver é encontrar o equilíbrio correto. Se o seu cérebro não receber a quantidade certa de serotonina, isso pode causar um aumento dos sintomas de ansiedade.

Quando se trata dos tópicos de produção de neurotransmissores, as causas e efeitos ainda são amplamente desconhecidos. É quase impossível distinguir entre os equilíbrios como resultado de experiências de vida ou genética. Qualquer um pode acontecer com alguém que vive com ansiedade. Na maioria dos casos, descobrimos que há uma combinação de experiências e genética que resultam no transtorno.

Ativação     cerebral     e     ansiedade

Existem essencialmente duas partes em todos os transtornos de ansiedade, e as pessoas que sofrem desta doença podem sofrer com ambas:

Mental: inclui pensamentos nervosos, preocupações, perturbações verbais, etc. Físico: inclui tontura, ataques de pânico, taquicardia, etc.

Mesmo quando você está se preocupando menos, ainda é comum que as pessoas sintam sintomas físicos. Ativações mentais e físicas da ansiedade iluminam diferentes áreas do cérebro, com pensamentos aparecendo do lado esquerdo e físicos fazendo uma aparição à direita.

Ansiedade e hormônios

O equilíbrio dos hormônios em seu cérebro e em todo o corpo desempenha um papel enorme em como a ansiedade também afeta você. Existem muitos hormônios que afetam diretamente a química do cérebro, a produção de neurotransmissores e muito mais.

Se algum hormônio estiver fora de sintonia, então a ansiedade pode se desenvolver a partir disso. Aqui estão alguns dos hormônios essenciais que afetam o cérebro:

A adrenalina é um dos hormônios corporais aos quais você pode apontar os dedos quando se sente descontroladamente ansioso. Ele libera hormônios para ativar seu sistema de luta ou fuga, o que pode causar aumento na frequência cardíaca, tensão e muito mais. Se você sofre de ansiedade e estresse por um longo período de tempo, isso pode prejudicar sua capacidade de controlar a adrenalina, o que pode levar a um agravamento dos sintomas de ansiedade.

O hormônio da tireóide é responsável por regular os seus níveis de noradrenalina, serotonina e outros hormônios que são criados e enviados por todo o cérebro. Isso significa que você sua tireoide pode ser a causa de questões relacionadas à ansiedade.

A realidade da ansiedade

Se você pudesse olhar para a ansiedade antes de você ter começado a sofrer com ela, provavelmente você fugiria correndo. Quando outras pessoas imaginam como é a ansiedade, elas normalmente se inclinam para a visualização de uma pessoa mentalmente e fisicamente instável. Na realidade, isso é exatamente o oposto.

Aqueles que experimentam ansiedade diariamente são tipicamente bastante fortes. De fato, muitos daqueles que vivem com ansiedade são muito bem sucedidos, apesar de seus pensamentos ansiosos. Assim como todos os outros, a maioria deles percebe que eles devem continuar, apesar de como se sentem e se interpretam por dentro. Há muitos indivíduos notoriamente brilhantes agora e na história que tiveram ansiedade.

Muitos sofredores de ansiedade suportam ataques de pânico regularmente ou têm algum tipo de fobia, o que pode levá-los a sentirem-se envergonhados de sua "doença", o que os faz se sentir um tanto insanos. Alguns dias são melhores que outros, mas aqueles que experimentam sintomas causados por essas doenças mentais normalmente têm uma contagem maior de dias ruins do que bons.

Eles geralmente sentem que estão sempre sob uma nuvem escura que chove, mas que a chuva não é feita apenas de água. Essas gotas acima de suas cabeças são criadas a partir de visões assustadoras, lógica perturbadora, sentimentos de inutilidade e / ou desesperança e olhares que eles recebem de entes queridos e de estranhos quando eles realmente acreditam que estão em um tipo de crise pessoal ou sentem como se eles estão prestes a sair do controle.

Você está aqui hoje porque está cansado da monotonia de informações que a internet e os "especialistas" lhe fornecem. Hoje, vamos discutir como as táticas

militares podem impedir que a ansiedade
o leve ao limite de uma vez por todas!

## Capítulo 2: Sintomas de ansiedade

Quando se trata dos sintomas que as pessoas podem ter com a ansiedade, há muitos estranhos e incomuns, bem como aqueles que são bastante comuns entre a população de pacientes.

## Sintomas comuns

Os sintomas mais comuns que você experimenta, graças à ansiedade, são causados pelo sistema natural de luta ou fuga do nosso corpo, que é construído dentro do cérebro para nos manter a salvo do perigo. No entanto, quando esse sistema não funciona como deveria, seu cérebro pode ficar mais ansioso do que precisa estar. Se você tiver ansiedade, provavelmente terá muitos dos seguintes sintomas, como:

Eructação
Rubor
Dificuldades respiratórias / respiração superficial
Dor no peito, pressão e / ou aperto
Arrepios
Problemas de concentração
Tosse
Despersonalização
Problemas na fala
Problemas de digestão
Tontura / vertigem
Medo
Sentir-se doente
Sentir-se sobrecarregado
Tremor
Dores de cabeça
Palpitações cardíacas
Insônia e sonolência
Níveis de energia reduzidos
Tensão muscular e dores musculares
Nervosismo
Sudorese
Bocejos

Estes são todos sintomas mais comuns relacionados à ansiedade. Se você não vir seus sintomas nessa lista, isso não significa necessariamente que eles sejam raros. Na verdade, existem milhares de outros sintomas que a ansiedade retrata em pessoas de todo o mundo.

Sintomas mentais de ansiedade

O lugar mais óbvio para começar quando se trata de discutir os outros sintomas da ansiedade é mentalmente, já que a ansiedade é uma condição de saúde mental. Como você já sabe, a ansiedade tem o poder de alterar o cérebro. Por exemplo, quando pessoas sem ansiedade contam piadas e ninguém ri, elas apenas seguem com o seu dia. Mas aqueles com ansiedade vão se perguntar por que ninguém achou engraçado e se sentirão julgados e possivelmente ofendidos.

Em outras palavras, a mesma situação é processada completamente diferente entre essas duas pessoas. Ansiedade pode causar sintomas mentais estranhos. Pode causar uma perda da capacidade de sentir prazer. Pode causar pensamentos intrusivos. E isso pode até levar você a esquecer quem você é.

Ansiedade muda os mensageiros em seu cérebro que lhe dizem como pensar e agir. Tenha certeza, existem curas para a ansiedade, em que chegaremos mais tarde. É importante entender que a ansiedade altera seu cérebro como uma doença, mas nenhuma dessas mudanças têm que ser permanentes.

## Sintomas de pensamentos

Loucos
Negativos
Perturbadores
Intrusivos
Irracionais
Obsessivos
Rápidos
Assustadores
Estranhos
Violentos
Esquisitos

Se você luta com pensamentos que se encaixam em qualquer uma das categorias acima, você precisa se informar que eles são provavelmente causados pelo monstro da ansiedade que está atormentando sua mente.

Sintomas de funcionamento cognitivo

Alucinações auditivas
Delírios
Confusão
Desapego
Demência
Realidade distorcida
Esquecimento
Alucinações
Perda de memória
Pesadelos
Outros problemas neurológicos

Frequentemente, as questões emocionais que enfrentamos podem estar fortemente relacionadas ao funcionamento cognitivo e aos tipos de pensamentos que temos.

## Sintomas emocionais de ansiedade

A ansiedade afeta fortemente as suas emoções. A própria ansiedade é uma emoção em muitos aspectos, e é por isso que ela é tão poderosa ao alterar hormônios como a dopamina e a serotonina, responsáveis pela regulação das emoções.

Não é um fenômeno incomum para aqueles que sofrem com ansiedade terem sentimentos e sensações muito fortes. Algumas pessoas experimentam gatilhos emocionais, o que pode deixá-los extremamente felizes, por exemplo. Como a ansiedade altera os neurotransmissores associados ao humor, muitos sintomas de ansiedade emocional são comuns.

## Sintomas de humor

Em última análise, a ansiedade muda a forma como o seu humor é afetado, uma vez que diz ao seu cérebro para transmitir neurotransmissores de forma diferente do habitual. Você pode experimentar todos ou alguns dos seguintes sintomas baseados no humor:

Violência ou agressão
Agitação
Raiva
Irritabilidade
Apatia
Euforia
Necessidade excessiva de chorar
Hiperatividade
Histeria
Deficiências de comunicação
Impulsividade
Irritabilidade
Mudanças de humor
Isolamento que leva à solidão

Sentir-se "dormente"
Comportar-se como "psicótico"
Tristeza excessiva
Pensamentos suicidas


Sintomas de medo


A ansiedade é uma forma de medo em si, uma vez que os medos podem se traduzir posteriormente no desenvolvimento de um transtorno de ansiedade. Fobias são medos extremos de coisas específicas e causam seus próprios sintomas de ansiedade:


Assustar-se facilmente
Medo de morrer
Medo de enlouquecer
Hipocondria

Sintomas de ansiedade que afetam todo o corpo

Como você pode imaginar, há muitos tipos de sintomas que podem surgir fisicamente graças à ansiedade, desde a cabeça até os dedos dos pés.

Sintomas musculares

Dores
Cólicas
Dor
Espasmos
Rigidez
Câimbras
Fraqueza

A tensão muscular é outro sintoma relacionado ao músculo que foi mencionado anteriormente na seção "Comum". Existem muitos tipos de dor e desconforto que podem ser causados pelos músculos.

Sintomas do sistema circulatório

A ansiedade pode afetar diretamente o modo como o coração bombeia sangue por todo o corpo, como respondem os seus hormônios e muito mais.

Pressão sanguínea baixa
Hipertensão
Alterações nos hormônios
Problemas circulatórios

A ansiedade também pode fazer com que os sintomas anteriores já sejam muito piores. Felizmente, a maioria dos sintomas acima mencionados na categoria circulatório é temporária e não causa danos a longo prazo.

## Sintomas de temperatura

A ansiedade pode até mesmo mudar a sua temperatura corporal, fazendo você se sentir com frio, com calor, ou ambos.

Febre
Suor frio
Flutuações de temperatura corporal
Sensação de frio
Ondas de calor e de frio
Calor
Hiperidrose

Alguns desses sintomas de temperatura têm o poder de causar ansiedade também, o que pode resultar em gastar muito tempo no Google tentando descobrir o que está errado. Felizmente, estes raramente são sintomas prejudiciais.

Sintomas do corpo inteiro

Esses sintomas afetam todo o seu corpo e não se encaixam em nenhuma categoria:

Dores inexplicáveis e dores em geral
Odor corporal excessivo
Dor nas articulações
Dormência e / ou formigamentos
Obesidade
Sensação de pontadas
Inquietação
Problemas de movimento
Sistema imunológico enfraquecido

Muitos sintomas de ansiedade também têm a capacidade de migrar, o que significa simplesmente que eles podem ser sentidos por todo o corpo.

Sintomas do órgão

Os sintomas de ansiedade relacionados ao órgão são menos comuns, mas tendem a afetar mais a sua pele, que é o maior órgão do corpo.

Queima de pele

Eczema

Palpitações cardíacas

Problemas renais

Erupções cutâneas

Manchas vermelhas

Mudanças na coloração da pele

Ritmo cardíaco lento

Problemas do baço

Taquicardia

Fibrilação atrial

## Sintomas oculares

Ansiedade, assim como no cérebro, pode causar estragos em sua visão também. Isso se deve principalmente à reação de luta ou fuga do seu corpo, o que resulta em constrição dos vasos sanguíneos que ajudam você a se concentrar.

Cegueira

Visão embaçada

Visão dupla

Dor nos olhos

Problemas oculares

Mudanças na visão

Ver manchas

Dor nos olhos

Problemas de visão

## Sintomas da cabeça

Ainda é indeterminado por que o estresse e a ansiedade afetam a cabeça. A tensão muscular na cabeça é uma das razões mais comuns.

Enxaquecas
Coceira no couro cabeludo
Pressão na cabeça
Dor de cabeça
Problemas de cabelo
Perda de cabelo

## Sintomas nariz

O estresse que causa ansiedade é a razão por trás dos problemas nasais de muitas pessoas. Eles também podem piorar as alergias.

Mudanças no cheiro
Nariz escorrendo
Hemorragias nasais excessivas
Tiques nasais

A hipersensibilidade torna-se uma questão importante aqui e a ansiedade pode tornar as questões nasais já proeminentes muito piores.

Sintomas da boca

As mesmas sensibilidades que seu nariz experimenta também podem ocorrer em sua boca. Ansiedade pode causar algo como um mau gosto a em sua boca e também pode resultar em você estar excessivamente consciente dos gostos.

Problemas dentários
Mudanças no paladar
Sensação de sabor metálico
Morder o lábio
Boca seca
Baba excessiva
Restrição de voz
Mau gosto na boca

Sintomas auditivos

Há muitas pessoas que sofrem de ansiedade que relatam ouvir sensações estranhas, como um barulho alto de estourar e outras coisas relacionadas.

Vertigem
Zumbido nos ouvidos
Problemas de audição

Sintomas da fala

Ansiedade afeta seus pensamentos e sua boca, o que significa que problemas de fala podem ser uma ocorrência comum.

Mudanças nos padrões de fala
Problemas de concentração e deglutição
Fala arrastada
Sensibilidade ao som

Capítulo 3: Causas da Ansiedade

Todo mundo fica ansioso e exausto de vez em quando, mas se você está sempre se sentindo tenso e nervoso, você pode ter problemas com a ansiedade. Você pode ter mais de um transtorno de ansiedade, uma vez que pode ser uma causa direta de uma condição médica, estresse e / ou outros fatores.

Então, o que causa ansiedade? Bem, esta é uma pergunta muito ampla ...

Existem algumas pessoas que estão predispostas a desenvolver transtornos de ansiedade por causa de sua personalidade. Assim como outras condições de saúde, sabe-se que a ansiedade ocorre em famílias, nas quais a genética desempenha um papel em quem a desenvolve em sua vida.

O estresse também pode desempenhar um papel enorme em seus níveis de ansiedade. Se a perda súbita e eventos importantes da vida ocorrem, pode ser um gatilho para condições como ataques de pânico. Para algumas pessoas, até mesmo os menores estressores, como ficar preso em um engarrafamento ou ficar de pé em longas filas na loja, podem ativá-los.

Neste capítulo, discutiremos as causas mais comuns de ansiedade e como elas podem se desenvolver com o tempo.

Questões de ansiedade tendem a ter uma rede muito complicada de causas, como:

Questões ambientais, como estresse de relacionamentos, escola, finanças, acontecimentos traumáticos, etc.

Genética

Fatores médicos, como efeitos colaterais de medicamentos que você está tomando, sintomas de doenças, estresse de problemas médicos subjacentes, etc.

Sua química cerebral

A utilização ou retirada de substâncias ilícitas

Problemas cardíacos

Se você já teve já experimentou um ataque de pânico, você está muito familiarizado com a maneira como suas mãos ficam úmidas e você é incapaz de recuperar o fôlego e seu coração parece que está tentando sair do seu peito.

O que é irônico é que muitas pessoas não estão cientes de que problemas relacionados ao coração podem ser um gatilho para a ansiedade. Aqueles com transtorno de ansiedade generalizada correm um risco muito maior de sofrer doenças cardiovasculares e ataques cardíacos. Um terço da população mundial experimenta palpitações cardíacas e falta de ar, sendo esses sintomas mais comuns em mulheres.

## Álcool e uso de drogas

A forte ligação entre ansiedade e uso de álcool foi comprovada por milhares de estudos. De fato, pesquisas recentes mostraram que aqueles com problemas de ansiedade são três vezes mais propensos a ter problemas com o abuso de drogas e álcool.

Aqueles que têm transtornos de ansiedade social são mais propensos a ter sintomas muito graves de ansiedade, bem como outras condições de saúde e problemas emocionais. Não importa o problema, a combinação de ansiedade, drogas e / ou álcool pode levar a um ciclo vicioso.

Cafeína

Há cafeína em muitas coisas que comemos e bebemos. É um estimulante comum, que pode levar a problemas de ansiedade em pacientes. A cafeína causa efeitos nervosos no corpo humano, o que pode ser semelhante a como nos sentimos depois de um evento assustador. A cafeína é conhecida por ativar a nossa resposta de luta ou fuga, que pode naturalmente tornar a ansiedade muito pior e até mesmo ir tão longe como desencadear um ataque de ansiedade.

## Medicamentos

Existem certos medicamentos que as pessoas tomam que podem ter alguns efeitos colaterais desagradáveis e causar o surgimento de sintomas de ansiedade. Alguns destes medicamentos que são prescritos são para tireóide, asma e descongestionantes nazais, que podem piorar os sintomas de quem sofre de ansiedade.

O mesmo acontece quando você de repente pára de tomar medicamentos que são usados para tratar sintomas de ansiedade, como os benzodiazepínicos.

## Suplementos para perda de peso

Suplementos de perda de peso que você pode encontrar facilmente para comprar podem ter efeitos que produzem ansiedade. Um dos mais comuns, a erva de São João, pode causar insônia. Extratos de chá verde contêm muita cafeína, que você já aprendeu pode contribuir fortemente para a ansiedade. O Guaraná está em muitos destes produtos e contém duas vezes a quantidade de cafeína que o café possui. Além disso, tenha cuidado com qualquer produto que tenha efedrina, pois isso pode levar a um aumento significativo da frequência cardíaca.

Problemas da glândula tireóide

A glândula em forma de borboleta na frente do pescoço é a sua tireóide. Ela produz hormônios que ajudam a regular seu metabolismo e níveis de energia. Se a sua tireóide não funciona adequadamente, pode criar muitos sintomas de ansiedade debilitantes. Se produz muito, pode tornar-se excessivamente nervoso e irritável. Pode causar ansiedade, perda de peso ou ganho, fraqueza, intolerância ao calor e muito mais.

## Estresse

O estresse é a principal causa de ansiedade, o que os faz andar de mãos dadas. O estresse pode facilmente piorar os sintomas existentes de ansiedade, enquanto a ansiedade pode piorar seus níveis de estresse.

Quando você está tenso, pode recorrer a outros comportamentos, como beber, para tentar combater sua ansiedade. Tanto o estresse quanto a ansiedade estão associados a sintomas físicos semelhantes, como tontura, dores de cabeça, dores, dores e sudorese, sendo apenas alguns.

## Capítulo 4: Combatendo a ansiedade usando técnicas militares

Se você se lembra da famosa citação do Presidente Roosevelt, "a única coisa que temos a temer é o próprio medo", então você, como uma pessoa que sofre de ansiedade, provavelmente não concorda. Como um soldado de elite, no entanto, você deve viver plenamente com essa afirmação.

Fuzileiros navais, SEALs e Forças Especiais não têm escolha senão enfrentar o perigo com risco de vida regularmente. O fato é que, se forem pegos pelo medo, provavelmente perderão suas vidas. Embora muitos de nós, felizmente, nunca tenham que enfrentar essas experiências, por que não estamos usando as táticas para acabar com o medo que eles usam em nossa vida pessoal?

Passe tempo se preparando

Se você está preocupado com uma apresentação de trabalho, se estressando com uma entrevista de emprego ou se enlouquecendo com a batalha de rap que pode ajudá-lo a sair da casa da sua mãe, pare, prepare-se e pratique em vez de ficar sentado.

A chave é se perder no momento, o que você faz dedicando uma tonelada de energia para se preparar para o que está preocupado. 75% para se preparar e 25% para o evento real.

Os SEALs são capazes de apagar o medo praticando missões futuras até que se sintam naturalmente confiantes. Quando o desconhecido se torna mais conhecido para eles, eles não precisam mentir para si mesmos sobre os riscos, mas se colocam em uma posição melhor para lidar com o desconhecido, o que gera confiança.

## Aprenda a administrar o medo

Uma das melhores maneiras de lidar com o medo é rir disso. O que? Você leu certo! O riso permite que você saiba que as coisas vão ficar bem e funcionar. Não se preocupe, há evidências para apoiar essa teoria. Um estudo da Universidade de Stanford mostrou que aqueles que foram treinados para fazer piadas para responder a imagens negativas foram capazes de reformular a imagem negativa de modo que representassem um significado diferente daqueles que responderam negativamente e simplesmente se distanciaram das imagens. Além disso, os participantes que usaram o senso de humor ao visualizarem as imagens também tiveram maior fluência verbal, indicando um nível de funcionamento cognitivo mais alto do que aqueles que não usaram o humor. Essa é uma maneira muito mais saudável de lidar com o medo. O mundo é um lugar inevitavelmente distorcido, então, ver o lado mais engraçado das coisas torna mais fácil lidar com ele.

## Respire

Quando seu coração está acelerando em seu peito, suas articulações ficam moles e o suor escorre do seu rosto, a melhor coisa que você pode fazer para acalmar as manifestações físicas do medo derivadas da ansiedade é respirar. Que simples, não? SIM. Apenas inalando por quatro segundos e exalando por quatro segundos, os SEALs podem acalmar seus sistemas nervosos e manter o controle de suas respostas biológicas naturais ao medo.

Você está essencialmente distorcendo o software do seu corpo para controlar melhor o hardware. Em outras palavras, você está se dando um poder grandioso! A respiração ajuda o corpo a sair da resposta de luta-ou-fuga do sistema nervoso simpático à resposta relaxada do sistema nervoso parassimpático.

Respiração tática usada por SEALS da marinha para desempenho antes de uma situação tensa ou durante um treino:

Respire pelo nariz. É muito importante respirar pelo nariz, pois a respiração pelo nariz estimula as células nervosas que existem atrás do esterno, perto da coluna, que acionam o sistema nervoso parassimpático. A ansiedade é uma resposta simpática e a parassimpática contraria isso. Isso acalma seu corpo, o que acalma sua mente.

Coloque-se em uma posição sentada relaxada e a mão direita na barriga.

Ative a respiração empurrando a barriga para fora e, em seguida, inspire profundamente, contando até quatro. inale juntamente com o movimento da barriga. Isso puxa a respiração profundamente nos pulmões. Expire pelo nariz contando até quatro, puxando o umbigo em direção à coluna. Repita três vezes.

Agora inspire pela barriga e diafragma por uma contagem de quatro, novamente inalando em sua barriga e desta vez levantando seu peito. Mais uma vez, expire contando até quatro para que a caixa torácica caia e o umbigo puxe em direção à sua coluna. Repita três vezes.

Em seguida, use a mesma técnica, desta vez inalando para uma contagem de quatro através da barriga, diafragma e seu peito, com uma ligeira expansão dos ombros para inalar. Expire por uma contagem de quatro no peito, no diafragma e depois na barriga. Repita três vezes, eventualmente, trabalhando sua respiração até oito contagens.

Em seguida, a 'box breathing' é uma técnica utilizada pelos SEALs da Marinha dos EUA para manter o foco e acalmar o sistema nervoso após uma situação tensa, como o combate, um treino intenso ou quando desejam focar e ficarem centrados.

Benefícios da respiração diafragmática ou respiração profunda incluem: relaxa todo o sistema e fornece oxigênio para o cérebro para se concentrar melhor, melhora a energia, pode ser usado por você para recuperar seu senso de equilíbrio, concentração e relaxamento e pode ser praticado a qualquer momento. Para a 'box breathing', use a mesma técnica que a respiração tática, mas use uma pausa de cinco contagens entre as respirações.

Coloque-se em uma posição sentada relaxada.

Inspire profundamente pelo nariz por cinco segundos

Mantenha o ar em seus pulmões por cinco segundos

Expire por cinco segundos, liberando todo o ar de seus pulmões

Mantenha seus pulmões vazios por cinco segundos

Repita por cinco minutos ou pelo tempo que achar necessário

Não "empurre com a barriga"

O medo é como um licor terrível; É uma droga quando você bebe e tem efeitos negativos que duram muito tempo, e é por isso que é importante lidar com isso antes e depois do fato.

Falar de experiências assustadoras ajuda os soldados a localizar o significado por trás de tudo isso. Essa comunicação permite que eles processem o que passaram positivamente e os ajuda a criar relacionamentos mais próximos com seus parceiros. Assustado? Admita para um amigo. Ouvir sobre o medo em voz alta pode ajudá-lo a se livrar dele, confrontá-lo e lidar com ele.

Fale mais alto que sua voz interior

Estamos todos conscientes da conversa interior que ocorre em nossa mente diariamente. De fato, nossa voz interior pode ser muito negativa na maior parte do tempo. Não seria legal ter um monólogo interior que nos lembra quão confiantes e impressionantes somos? Não seria ótimo ter um palestrante motivacional para nos fazer passar por tempos difíceis?

Bem, você pode. Em tempos de estresse, nossos cérebros são preparados para criar uma conversa interna que pode aumentar nossos sentimentos de medo. Como soldados, espera-se que eles lutem contra sua conversa interior e se concentrem em porções positivas de experiências. Com a prática, eles são facilmente capazes de ignorar ou até mesmo apagar a negatividade que seus cérebros estão jogando neles. Então, você pode fazer o mesmo em sua própria vida.

Medo e ansiedade aumentam quando imaginamos o pior. Nossa imaginação pode ser usada de forma construtiva para planejar com antecedência e nos direcionar para nossos objetivos. No entanto, também pode ser usada para imaginar as coisas dando errado. Embora isso possa ser uma ferramenta útil para nos ajudar a evitar o perigo e possíveis armadilhas, os pensamentos negativos descontrolados e habituais podem criar um terreno fértil para a ansiedade e arruinar uma vida feliz.

Algumas pessoas abusam de sua imaginação cronicamente e, portanto, sofrem muito mais ansiedade do que aquelas que ou projetam suas imaginações de forma construtiva ou que não tendem a pensar muito sobre o futuro. Preocupados, preocupados crônicos tendem a abusar de sua imaginação, na medida em que os eventos futuros se sentem como catástrofes esperando para acontecer. Não é de admirar que vidas inteiras possam ser destruídas pelo medo e pela ansiedade.

## Pondere sobre o pior cenário

Não importa o que você tem medo, você sempre tem a oportunidade de evitá-lo pelo resto da sua vida. No entanto, os soldados não conseguem essa escolha. Eles enfrentam situações semelhantes que os assustam. Para garantir que o medo não os anule, eles simulam cenários estressantes e tentam experimentar as emoções com eles também.

Em vez de pensar em pensamentos felizes e ignorar o que você tem medo, comece a olhar para as piores coisas que podem acontecer. Quando você é capaz de imaginar o pior medo e permanecer dentro de uma experiência emocional, em vez de se afastar disso, sua mente tende a superar o medo naturalmente.

Meditação

Sim, até os soldados utilizam práticas de meditação. Este é um método que até mesmo os soldados de elite usam para ajudá-los a se desestressar, controlar o medo e preparar-se para o combate. Aqueles que participam do relatório de meditação aumentam as habilidades e aumentam a capacidade de lidar com a pressão e se adaptar à vida quando voltam para casa.

Reformule a sua mentalidade

Reformule sua definição de sintomas. Renove os sintomas da ansiedade - dê-lhes um significado diferente. Essas palmas das mãos suadas, coração acelerado e tontura podem significar um ataque de pânico, ou podem significar a aventura mais emocionante e divertida de sua vida! Seu corpo não sabe a diferença e está apenas fazendo o que faz por natureza, mas você pode escolher como definir essa sensação súbita. Não acredita em mim?

Como você acha que aqueles viciados em adrenalina mergulham em penhascos, saltam de motocicletas ou nadam com tubarões? Sua definição do que chamamos de medo é diferente. Eles ainda experimentam os mesmos produtos químicos potentes que percorrem seu corpo, mas as sensações têm um significado diferente para eles.

O que você experimenta como medo, pavor e quase morte pode ser definido como emocionante, excitante e vivaz para outra pessoa.

O interessante sobre consistentemente e propositadamente redefinir esses sintomas é que você pode realmente religar seu cérebro. O que nos leva à neuroplasticidade.

Neuroplasticidade

A neuroplasticidade ocorre com mudanças no comportamento, no pensamento e nas emoções. Com a prática consciente, podemos alterar nossos caminhos neurais para movermo-nos naturalmente em direção às emoções desejadas, como ser grato, calmo e feliz e longe da raiva, do estresse e do pânico.

Ao escolher responder com emoção positiva, você pode fortalecer os caminhos neurais para as emoções desejadas. À medida que você faz mais conexões neurais ao longo do tempo com a emoção desejada, os caminhos para as reações negativas acabam se tornando mais fracos e embaralhados. Isso funciona mesmo durante os ensaios mentais da situação e a prática da resposta desejada.

Lembre-se, isso também pode funcionar ao contrário. Se você tem uma resposta habitual às circunstâncias, como ficar com raiva em um engarrafamento e repetir muitas vezes essas reações em um estado elevado de emoção, fortalecerá os caminhos neurais em direção à emoção da raiva nessa situação. Os mestres, ao longo dos séculos, que ensinaram o pensamento positivo e a fé, podem ter realmente ensinado algo e agora podemos provar isso cientificamente.

## Mexa-se

O exercício geralmente está associado à perda de peso, melhora da saúde física e um sistema imunológico mais forte. Mas os benefícios do exercício podem se expandir muito mais. O exercício é tão importante para a sua aptidão mental como é a sua saúde física.

A atividade aeróbica promove a liberação de endorfinas que são liberadas no cérebro e atuam como analgésicos, o que também ajuda a aumentar a sensação de bem-estar. As endorfinas também melhoram os níveis de energia, proporcionam uma melhor noite de sono, elevam o humor e proporcionam efeitos anti-ansiedade. Exercício também tira sua mente de suas preocupações e quebra o ciclo de pensamentos negativos que contribuem para a ansiedade.

Recomenda-se realizar 30 minutos ou mais de exercício cinco dias por semana para ter um impacto significativo nos sintomas de ansiedade. Você não precisa de um programa de exercícios formais na academia para experimentar esses benefícios. Foi demonstrado que a atividade física leve tem os mesmos efeitos, incluindo jardinagem, trabalho doméstico, lavar o carro e caminhar ao redor do quarteirão. Estes podem ser feitos em pequenos intervalos ao longo do dia.

É mais importante fazer algum tipo de atividade física em uma base consistente do que buscar algo que não seja sustentável. Seja realista e se você precisa começar com objetivos menores, faça isso. Isto é tudo sobre cuidar de si mesmo de uma forma que funciona para você.

A ferramenta natural mais importante e única que você pode usar para vencer a ansiedade é o exercício regular. Parece clichê, mas a verdade é que o exercício afeta a mente e o corpo de maneiras que a ciência ainda está descobrindo.

Há uma razão para que a prevalência da ansiedade tenha crescido com nosso estilo de vida cada vez mais inativo. Movimentar-se todos os dias pode fazer uma grande diferença em como você lida com o estresse, como seus sintomas de ansiedade se manifestam e como você regula seu humor.

Os melhores métodos de exercício para combater a ansiedade são:

Correr libera hormônios do bem-estar que têm benefícios exponenciais para a saúde mental. Ele pode ajudá-lo a adormecer mais rápido, melhorar a memória, diminuir os níveis de estresse e proteger contra o desenvolvimento de depressão.

Caminhar em um local arborizado ou montanhoso tem efeitos calmantes naturais no cérebro. Estar perto de plantas e vistas da natureza ajudam a reduzir a ansiedade graças às quimicas emitidas pelas plantas que as plantas emitem. Além disso, estar na natureza é ótimo para a sua saúde e também para a memória.

Yoga, muito parecido com meditação, foi feito para reduzir significativamente a ansiedade e outros sintomas neuróticos que podem levar à irritabilidade e depressão. Não só fortalece seu corpo, mas também ajuda você a se concentrar na respiração, que é a chave para relaxar a mente e combater a ansiedade.

Capítulo 5: Estratégias para acabar com a ansiedade em qualquer lugar

Haverá muitos casos em que você deve saber como usar seus sintomas ansiosos ao seu favor para funcionar corretamente. Este capítulo irá abranger uma variedade de técnicas que você pode usar para reduzir a ansiedade e desestressar efetivamente.

Todas essas estratégias podem não funcionar para você, então experimente e descubra quais técnicas você prefere e quais se adaptam melhor a você. Você também descobrirá que certas técnicas funcionarão melhor em algumas situações do que outras.

Inspire e expire lentamente por 3 minutos.

Relaxe os ombros e gire o pescoço suavemente.

Em palavras, diga em voz alta como você está se sentindo.

Ative a liberação de oxitocina no corpo massageando sua mão.

Alguma coisa está fora do lugar? Coloque de volta na ordem correta. Quando você sentir uma ordem física em sua vida, seu senso de ordem mental também irá melhorar.

Faça uma viagem para algum lugar fora da sua rotina normal.

Pergunte a si mesmo qual é o pior cenário que poderia ocorrer e, em seguida, pergunte-se como você poderia lidar se o pior acontecesse.

Faça uma pausa na solução de problemas e deixe sua mente relaxar, deixando-a em segundo plano por algum tempo.

Tome um bom banho quente.

Aprenda a importância de perdoar a si mesmo, especialmente por não prever problemas.

Aprenda a importância de perdoar os outros.

Faça uma pausa para assistir as notícias e ler o jornal. Leia um livro, uma história em quadrinhos ou algo mais leve.

Crie o email que você está procrastinando.

Faça aquela ligação que você ainda não fez.

Tente meditação consciente. Busque o Google free mp3 downloads. Você vai encontrar algo que você gosta que te deixa relaxado!

Faça uma pausa na pesquisa de um tópico sobre o qual você pesquisou em excesso.

Abrae seu amado animalzinho de estimação.

Tem um erro que está importunando você? Crie um plano de ação para que você não acabe repetindo esse erro.

Pergunte a si mesmo se você está tirando conclusões rápido demais. Por exemplo, se você está preocupado se alguém está irritado com você, você sabe com certeza que é o caso ou você está apenas presumindo?

Aceite o fato de que sempre haverá pelo menos uma pequena diferença entre o eu ideal e o eu real.

Pondere sobre o que está dando certo. Quando você pensa no positivo, você põe a ansiedade que é causada pelo pensamento excessivo de lado e pode ver as coisas de uma perspectiva mais abrangente.

Realize tarefas regulares 25% mais devagar e permita-se saboreá-las.

Aprenda a importância de rir em voz alta. Encontre algo engraçado que você possa rir todos os dias.

Expresse gratidão com mais frequência àqueles em sua vida. Isso gera uma mentalidade apreciativa, que permite que você se concentre no positivo e não no negativo.

Fique em silêncio por uma vez e desconecte-se do trabalho, da escola, das tarefas domésticas, etc. Muito barulho em nossas vidas diárias pode aumentar o estresse, então o silêncio é sagrado, especialmente nos dias de hoje.

Você provavelmente está se perguntando como essas estratégias se encaixam em uma "rotina de eliminação da ansiedade do guerreiro". Bem, todas elas se encaixam de alguma forma. Os soldados devem ser capazes de manter seus eus mentais acima da água, especialmente nas situações mais lúgubres, a fim de manter a cabeça firme para tomar decisões apropriadas.

Conclusão

Quero parabenizá-lo por ler Ansiedade:

Como eu tenho certeza que você já está ciente, a ansiedade é um distúrbio terrível que afeta as pessoas física, mental e emocionalmente. Pode ser difícil conquistar o dia à frente quando a negatividade envolve sua vida cotidiana.

Espero que este livro tenha trazido à luz algumas informações novas sobre métodos para se livrar da ansiedade e viver uma vida melhor. Com este livro, você agora tem as ferramentas necessárias para derrotar a ansiedade. Mesmo que não acabe 100% com seus pensamentos e sentimentos negativos, aprender essas técnicas inspiradas pelos militares ajudará você a esmagar os sintomas antes mesmo de começar.

Eu o desafio a começar a usar pelo menos uma das técnicas sobre as quais você leu neste livro, começando hoje. Agora cabe a você dar o próximo passo para controlar sua ansiedade, libertar-se de seu aperto e começar a viver a vida que você merece.

Finalmente, se você achou este livro útil de qualquer maneira, um comentário na Amazon é sempre apreciado!